BEI GRIN MACHT SICH IHR WISSEN BEZAHLT

- Wir veröffentlichen Ihre Hausarbeit, Bachelor- und Masterarbeit

- Ihr eigenes eBook und Buch - weltweit in allen wichtigen Shops

- Verdienen Sie an jedem Verkauf

Jetzt bei www.GRIN.com hochladen und kostenlos publizieren

Bibliografische Information der Deutschen Nationalbibliothek:

Die Deutsche Bibliothek verzeichnet diese Publikation in der Deutschen Nationalbibliografie; detaillierte bibliografische Daten sind im Internet über http://dnb.d-nb.de/ abrufbar.

Dieses Werk sowie alle darin enthaltenen einzelnen Beiträge und Abbildungen sind urheberrechtlich geschützt. Jede Verwertung, die nicht ausdrücklich vom Urheberrechtsschutz zugelassen ist, bedarf der vorherigen Zustimmung des Verlages. Das gilt insbesondere für Vervielfältigungen, Bearbeitungen, Übersetzungen, Mikroverfilmungen, Auswertungen durch Datenbanken und für die Einspeicherung und Verarbeitung in elektronische Systeme. Alle Rechte, auch die des auszugsweisen Nachdrucks, der fotomechanischen Wiedergabe (einschließlich Mikrokopie) sowie der Auswertung durch Datenbanken oder ähnliche Einrichtungen, vorbehalten.

Impressum:

Copyright © 2016 GRIN Verlag, Open Publishing GmbH
Druck und Bindung: Books on Demand GmbH, Norderstedt Germany
ISBN: 9783668491267

Dieses Buch bei GRIN:

http://www.grin.com/de/e-book/371261/literaturausarbeitung-zum-handbuch-der-bewegungserziehung-didaktisch-methodische

Stefanie Loibingdorfer

Literaturausarbeitung zum "Handbuch der Bewegungserziehung. Didaktisch-methodische Grundlagen und Ideen für die Praxis" von Renate Zimmer

Aufbau und Inhalt, Lesbarkeit und Sprache, Einsatzmöglichkeiten

GRIN Verlag

GRIN - Your knowledge has value

Der GRIN Verlag publiziert seit 1998 wissenschaftliche Arbeiten von Studenten, Hochschullehrern und anderen Akademikern als eBook und gedrucktes Buch. Die Verlagswebsite www.grin.com ist die ideale Plattform zur Veröffentlichung von Hausarbeiten, Abschlussarbeiten, wissenschaftlichen Aufsätzen, Dissertationen und Fachbüchern.

Besuchen Sie uns im Internet:

http://www.grin.com/

http://www.facebook.com/grincom

http://www.twitter.com/grin_com

Kolleg für Sozialpädagogik der Diözese Linz

LITERATURAUSARBEITUNG

DIDAKTIK

‚HANDBUCH DER BEWEGUNGSERZIEHUNG – DIDAKTISCH-METHDODISCHE GRUNDLAGEN UND IDEEN FÜR DIE PRAXIS'

vorgelegt von
Stefanie Loibingdorfer

Linz, am 16. März 2016

Inhaltsverzeichnis

1. Autor 1
2. Aufbau und Inhalt 2
3. Lesbarkeit und Sprache 3
4. Einsatzmöglichkeiten 4
5. Persönliche Stellungnahme 5
6. Quellenverzeichnis 7

1. Autor

Das theoretische ‚Handbuch der Bewegungserziehung – Didaktisch-methodische Grundlagen und Ideen für die Praxis' wurde von Dr. Renate Zimmer verfasst. Sie ist Professorin an der Universität Osnabrück und hat durch ihre Vorträge und zahlreichen Veröffentlichungen im Bereich der frühkindlichen Entwicklung in Bezug auf die Bewegungserziehung und Motorik bereits durchaus Bekanntheit erlangt. Ihre berufliche Laufbahn begann Renate Zimmer als Lehrerin an diversen Schulen. Heute ist sie Leiterin von Vorbildungen für Lehrerinnen und Lehrer, sowie Sozialpädagoginnen und Sozialpädagogen, arbeitet aber auch selbst mit Kindern im vorschulischen Alter. Ihre bekanntesten Veröffentlichungen sind unter anderem ‚Kreative Bewegungsspiele', ‚Handbuch der Sinneswahrnehmung' und ‚Sinneswerkstatt' (vgl. Zimmer 1993, Rückseite).

Zimmer möchte mit ihrem ‚Handbuch der Bewegungserziehung – Didaktisch-methodische Grundlagen und Ideen für die Praxis' in erster Linie zur Ausbildung und Wissenserweiterung werdender Pädagoginnen und Pädagogen beitragen. Ihre Hauptintension ist es, im Hinblick auf die Ausbildung pädagogischer Fachkräfte, ein Grundwissen im Bereich der Bewegungserziehung zu geben, welches sich an den Bedürfnissen und den aktuellen Lebenssituationen der Kinder orientiert (vgl. ebd., S. 8). Dieses Handbuch richtet sich jedoch nicht nur an Pädagoginnen und Pädagogen im Prozess der Ausbildung, sondern ebenso an pädagogische Fachkräfte, welche bereits im Berufsleben stehen (vgl. ebd., S. 9). „Schließlich braucht jede Erzieherin in ihrem Berufsalltag Anregungen und Tips, die die eigene Phantasie beleben und den Erfahrungsaustausch mit Kolleginnen [sic] und vielleicht auch mit Eltern und Lehrern [sic] anregen." (ebd.)

Die Bedeutung der Bewegung im Kindesalter begründet sich für Zimmer vor allem in zwei Tatsachen. Einerseits können den Kindern dadurch Welt und Wirklichkeit erfahrbar gemacht werden, andererseits fungiert die Bewegung unter anderem als wichtiges Ausdrucksmittel kindlicher Lebensfreude (vgl. ebd., S. 8). Kinder brauchen nach Zimmer eine ganzheitliche Förderung der Entwicklung, welche unter anderem durch zahlreiche Erfahrungen in den Bereichen Körper, Geist, Gefühl und Phantasie gewährleistet wird. Drunter fällt natürlich auch das ausreichende Angebot an Bewegung. Da sich das gesellschaftliche Bewusstsein der Notwendigkeit kindlicher Bewegungserziehung in Theorie und Praxis zur Entstehungszeit dieses

Buches erst im Anfangsstadium befand, sah Zimmer ihre Aufgabe darin, werdende und im Berufsleben stehende Pädagoginnen und Pädagogen im theoretischen Sinne durch das Verfassen von Fachliteratur, sowie das Halten von Vorträgen, dahingehend aus- und weiterzubilden und ihre bereits gesammelten Erfahrungen in der praktischen Arbeit mit Kindern und Bewegung dadurch weiterzugeben (vgl. ebd., S. 7f).

2. Aufbau und Inhalt

Dieses Buch ist in eine Einleitung, einen Hauptteil und einen abschließenden Teil gegliedert. Die Einleitung besteht aus einem Vorwort, welches von der Autorin verfasst wurde. Darin nimmt Zimmer Stellung zum vorliegenden Buch in Bezug auf ihre persönlichen Intentionen, Zugänge und die Entwicklung der Bewegungserziehung in Betreuungseinrichtungen für Kinder bis zum Zeitpunkt der Veröffentlichung des Buches 1993. Außerdem wird im Vorwort noch auf diverse Symbole und deren Bedeutungen eingegangen, die im Hauptteil des Buches verwendet werden um Praxisbeispiele oder wichtige Informationen zu kennzeichnen (vgl. Zimmer 1993, S. 7ff).

Der Hauptteil ist in sieben Großkapitel mit unterschiedlichen Schwerpunkten unterteilt. Das erste Kapitel beschäftigt sich mit der allgemeinen Bedeutung der Bewegung im Kindesalter. Dabei geht die Autorin besonders auf die Entwicklungen und Veränderungen des Spiels in Bezug auf die Bewegung in der heutigen Zeit ein. Das zweite Kapitel widmet sich den Körper- und Bewegungserfahrungen, die für eine ganzheitliche Entwicklung der Persönlichkeit, sowie im sozialen, kognitiven und gesundheitlichen Bereich erheblich beitragen. Auf die entwicklungspsychologischen Grundlagen in Bezug auf die Bewegungserziehung wird im nächsten Kapitel eingegangen, welches sich besonders mit der motorischen und sprachlichen Entwicklung in Kombination mit der Bewegung, sowie mit der Bedeutung und Entwicklung der Wahrnehmung und der Motivation beschäftigt. Im vierten Kapitel werden diverse Orte und Institutionen angeführt, in denen Spiele mit Bewegung angeboten werden (sollen). Darunter fallen die Familie, Spielgruppen, Krabbelstuben, Kindergärten, Horte und altersgemischte Gruppen in Kinderbetreuungseinrichtungen. Das nächste Kapitel bringt der Leserin/dem Leser die didaktisch-methodischen Grundlagen zu dieser Thematik näher und gibt unter anderem Informationen bezüglich didaktischer Ansätze, Inhalte, Ziele, Methoden und Verhalten der Pädagoginnen und Pädagogen. In den beiden abschließenden Kapiteln geht es um die psychomotorische Erziehung in Sinne der Entwicklungsförderung durch die Kombination von Wahrnehmung und Bewegung, sowie um geeignete Bewegungsräume, Geräte und Materialien (vgl. ebd., S. 5f).

Der abschließende Teil des theoretischen Buches beinhaltet ein Literaturverzeichnis, in welchem sämtliche von der Autorin verwendete Nachschlagewerke und Fachbücher aufgelistet sind, sowie Anregungen in Form von Medienvorschlägen und Informationen über Fortbildungsmöglichkeiten im Bereich der Bewegungserziehung bei Kindern (vgl. ebd., S. 224).

Obwohl es sich beim ‚Handbuch der Bewegungserziehung – Didaktisch-methodische Grundlagen und Ideen für die Praxis' um ein theoretisches Buch handelt, gibt es zwischen den Erklärungen und Fakten immer wieder praktische Beispiele und Ideen zur Umsetzung der Theorie in die praktische Arbeit mit Kindern. Diese praktischen Übungen sollen zum einen dem Verständnis der behandelten Themen dienen um ein ganzheitliches Erfassen und Begreifen der Thematik zu herbeizuführen und zum anderen Ideen und Anregungen für den Praxisalltag liefern (vgl. ebd., S. 9).

3. Lesbarkeit und Sprache

Das Buch besteht aus einer Kombination aus Geschriebenem und dazu passenden Verbildlichungen, wobei Letztere verhältnismäßig zum Text von geringer Anzahl sind. Die Bilder sind in schwarz-weiß gehalten und zeigen Kinder und zum Teil auch Erwachsene in diversen Spielsituationen. Nur das Cover ist farblich gestaltet und zeigt die Konturen von sich bewegenden blauen und grünen Figuren auf rosarotem Hintergrund. Die Figuren erwecken aufgrund der ränderüberschreitenden Malweise den Eindruck, als wären sie von Kindern ausgemalt worden und verleihen dem Cover so die Atmosphäre einer Kinderzeichnung.

Die theoretischen Texte sind in unterschiedlichen Schriftarten und Schriftgrößen gehalten, was die Lesbarkeit meiner Meinung nach erschwert. Die Autorin möchte dadurch für die Leserin/den Leser die Orientierung und Strukturierung der Texte möglicherweise erleichtern, indem sie Überschriften, Hervorhebungen und konkrete Beschreibungen von erlebten Situationen in ihrem Berufsalltag mit Kindern kursiv oder mit einer anderen Schriftart hervorhebt. Die Notwendigkeit der Verwendung unterschiedlicher Schriftgrößen in den rein theoretischen

Fakten und Erklärungen ist jedoch fraglich. Dies führt seitens der Leserin/des Lesers eher zu Überforderungen beim Strukturieren des Gelesenen.

Dennoch gibt sich die Autorin Mühe bezüglich der leichteren Orientierung der Leserin/des Lesers, da sie verschiedene Symbole einsetzt, die Praxisbeispiele und wichtige Hinweise kennzeichnen sollen. Das Symbol für ein Praxisbeispiel zeigt einen Jungen, der einen Handstand macht, während ein Mädchen, das auf ein Rufzeichen über seinem Kopf deutet auf wichtige Informationen hinweisen soll (vgl. Zimmer 1993, S. 9). Auch bezüglich der Seiteneinteilung bemüht sich die Autorin um eine gute Strukturierung, da sich der eigentliche Text nur in der Mitte und auf der rechten Seite befindet. Im linken Bereich befinden sich lediglich die für den gegenüberliegenden rechten Textabschnitt relevanten Stichwörter und Überschriften bzw. die Kernaussage jener gegenüberliegenden Textpassagen.

Obwohl die Autorin inhaltlich sehr in die Tiefe geht und ausgenommen von den Praxisbeispielen und den persönlichen Erfahrungen und Erlebnissen auf wissenschaftlicher Ebene schreibt, bedient sich Zimmer einer verständlichen Sprache, was meiner Meinung nach nicht allen Autorinnen und Autoren wissenschaftlicher Fachliteratur gelingt.

Diese theoretische Literatur entspricht nicht der heute üblichen gendergerechten Schreibweise. Im Vorwort begründet die Autorin diese Tatsache mit dem Argument, dass es sich bei pädagogischen Fachkräften meist nur um Frauen handelt, weswegen im Text nur die weibliche Form verwendet wird. Dennoch betont die Autorin, dass sich sämtliche Aussagen natürlich auch auf männliche Pädagogen beziehen (vgl. Zimmer 1993, S. 10).

4. Einsatzmöglichkeiten

Dieses theoretische Buch richtet sich an Schülerinnen und Schüler, sowie Erwachsene, die den Alltag mit Kindern gestalten (werden). Sowohl Eltern, als auch werdende Pädagoginnen und Pädagogen, sowie im Berufsleben stehende pädagogische Fachkräfte können sich über die Bedeutung und Notwendigkeit der kindlichen Bewegungserziehung informieren und erste praktische Anregungen sammeln (vgl. Zimmer 1993, S. 8f). Somit kann es im Unterricht, beispielsweise in Bildungsanstalten für Kindergartenpädagogik und Sozialpädagogik, als Lehrbuch in der Leibeserziehung eingesetzt werden, aber auch der individuellen Fort- und

Weiterbildung von Pädagoginnen und Pädagogen dienen, die beispielsweise in Krabbelstuben, Kindergärten, Schulen oder Horten arbeiten.

Da es sich beim ‚Handbuch der Bewegungserziehung – Didaktisch-methodische Grundlagen und Ideen für die Praxis' um wissenschaftliche Fachliteratur handelt, kann es für das Verfassen wissenschaftlicher Arbeiten verwendet werden. Allerdings sollte darauf geachtet werden, dass es bereits 1993 erschienen ist und somit die Aktualität nicht mehr gewährleistet ist. Aus diesem Grund ist es ratsam, die in dieser Fachliteratur verwendeten Fakten mit anderen aktuelleren Quellen zu überprüfen, bevor sie in wissenschaftlichen Arbeiten verwendet werden. Dabei soll sichergegangen werden, dass die Informationen dem heutigen wissenschaftlichen Stand im Bereich der kindlichen Bewegungserziehung entsprechen.

Da neben der Theorie aber ebenso praktische Beispiele im Buch angeführt werden, kann die Literatur auch wie ein praktisches Buch verwendet werden. Da diese praktischen Beispiele verhältnismäßig zum theoretischen Teil aber eher selten vorkommen und eine untergeordnete Rolle spielen, empfiehlt es sich für Pädagoginnen und Pädagogen ein rein praktisches Buch mit Bewegungsspielen anzuschaffen. Dennoch können die Praxisbeispiele in diesem theoretischen Buch als Ergänzung von praktischen Bewegungsbüchern betrachtet werden und weitere Ideen und Anregungen dahingehend liefern. Besonders für werdende Pädagoginnen und Pädagogen dienen diese Praxisbeispiele als Hilfe bei der Erprobung der ersten Bewegungselemente mit Kindern im Praxisfeld. Obwohl Bewegungsangebote in jeder Phase des Heranwachsens für die Entwicklung von großer Bedeutung sind und sowohl Kinder, als auch Jugendliche genügend Angeboten dahingehend bedürfen, richten sich die in diesem Buch angeführten Praxisbeispiele eher an Kinder im Kindergartenalter und Volksschulkinder, wobei einige dieser Spiele auch noch mit älteren Kindern und Jugendlichen durchführbar sind, beispielsweise in der Schule zum Aufwärmen am Beginn einer Turnstunde.

5. Persönliche Stellungnahme

Ich habe mich bezüglich der Ausarbeitung des theoretischen Buches für ein Buch über Bewegungserziehung entschieden, da die Bewegung in der kindlichen Entwicklung einen hohen Stellenwert hat und in sozialpädagogischen Arbeitsfeldern notwendiger Bestandteil des Alltags mit Kindern ist. Sowohl in meinem freiwilligen sozialen Jahr in der Kinder- und Jugendhilfe, als auch während meines Praktikums im Hort habe ich die Erfahrung gemacht, dass der Bewegungsdrang von Kindern sehr groß ist und Angebote diesbezüglich in sozialpädagogischen Einrichtungen täglich erfolgen sollen. Eine theoretische und praktische Auseinandersetzung mit dieser Thematik ist mir deswegen sehr wichtig.

Zur vorliegenden Fachliteratur und der Autorin kann ich sagen, dass es sich dabei um eine sehr detailreiche, wissenschaftlich fundierte Aufarbeitung der Thematik handelt. Besonders positiv bewerte ich hierbei aber auch die persönliche Note, die die Autorin beim Verfassen des Buches aufgrund der Schilderung persönlicher Situationen und Erlebnisse aus ihrer Berufslaufbahn eingebracht hat. Die Kombination aus wissenschaftlichen theoretischen Fakten, sowie praxisbezogenen Beispielen finde ich sehr gelungen, da sie einander gut ergänzen und zum umfassenden Verständnis der Thematik beitragen.

Kritisieren möchte ich an dieser Stelle jedoch den Aspekt der Lesbarkeit. Obwohl mich die Seiteneinteilung und die Verwendung von Symbolen zur besseren Orientierung sehr ansprechen, würde ich auf das Verwenden unterschiedlicher Schriftarten und Schriftgrößen eher verzichten. Um Hervorhebungen und Beispiele etc. zu kennzeichnen, wäre entweder das Verwenden verschiedener Schriftgrößen oder Schriftarten zielführender, da der Einsatz von beidem eher zu Verwirrung und schlechter Übersichtlichkeit beiträgt. Ein weiterer negativer Aspekt in Bezug auf dieses Buch ist die Tatsache, dass es bereits vor dreiundzwanzig Jahren veröffentlicht wurde und somit die Wahrscheinlichkeit groß ist, dass einige im Buch angeführte Tatsachen nicht mehr dem derzeitigen Stand der Wissenschaft entsprechen.

Dennoch würde ich dieses theoretische Buch weiterempfehlen, da es ausgenommen von Lesbarkeit und Aktualität meiner Meinung nach durchaus sehr gelungen ist und auf verständliche Weise Wissenschaft, Theorie, persönliche Erfahrungen der Autorin aus der praktischen Arbeit mit Kindern und praktische Übungsvorschläge kombiniert und somit vielseitig einsetzbar ist.

6. Quellenverzeichnis

Zimmer, R. (1993). Handbuch der Bewegungserziehung. Didaktisch-methodische Grundlagen und Ideen für die Praxis. (9. Aufl.). Freiburg im Breisgau: Verlag Herder.

Eurobuch GmbH (o.J.). Handbuch der Bewegungserziehung. Didaktisch-methodische Grundlagen und Ideen für die Praxis.
URL: http://www.eurobuch.com/buch/isbn/9783451269066.html (Stand: 18.02.2016)

Handbuch der Bewegungserziehung

Didaktisch-methodische Grundlagen und Ideen für die Praxis

Autorin
- Dr. Renate Zimmer
- Hauptintention: Aus- und Fortbildung von sozialpädagogischen Fachkräften

Aufbau und Inhalt
- Einleitung (Vorwort)
- Hauptteil (7 Kapitel mit unterschiedlichen Schwerpunkten zum Thema Bewegungserziehung, z.b.: Psychomotorik, Entwicklungspsychologie,…)
- abschließender Teil (Literaturverzeichnis, Medien und Informationen zur Weiterbildung bezüglich der Bewegungserziehung)

Lesbarkeit und Sprache
- Verwendung von schwarz-weißen Bildern (zeigen sich bewegende Kinder)
- Einsatz verschiedener Symbole für Hinweise und Beispiele zur besseren Orientierung
- verschiedene Schriftgrößen und Schriftarten → schwere Lesbarkeit
- Sprache: auf wissenschaftlicher Ebene, aber verständlich mit persönlicher Note

Einsatzmöglichkeiten
- Lehrbuch in Bildungsanstalten für Kindergartenpädagogik und Sozialpädagogik
- Nachschlagewerk für pädagogische Fachkräfte im Berufsalltag
- konkrete praxisbezogene Übungen und Ideen für den Einsatz im Berufsalltag
- evtl. Fachliteratur für wissenschaftliches Arbeiten

Empfehlung: Ja! – verständlich geschrieben; gelungene Kombination aus Wissenschaft, Theorie, persönlichen Erfahrungen der Autorin aus der Arbeit mit Kindern und praktischen Übungsvorschlägen

Quelle: Zimmer, R. (1993). Handbuch der Bewegungserziehung. Didaktisch-methodische Grundlagen und Ideen für die Praxis. (9. Aufl.). Freiburg im Breisgau: Verlag Herder.

BEI GRIN MACHT SICH IHR WISSEN BEZAHLT

- Wir veröffentlichen Ihre Hausarbeit, Bachelor- und Masterarbeit

- Ihr eigenes eBook und Buch - weltweit in allen wichtigen Shops

- Verdienen Sie an jedem Verkauf

Jetzt bei www.GRIN.com hochladen und kostenlos publizieren